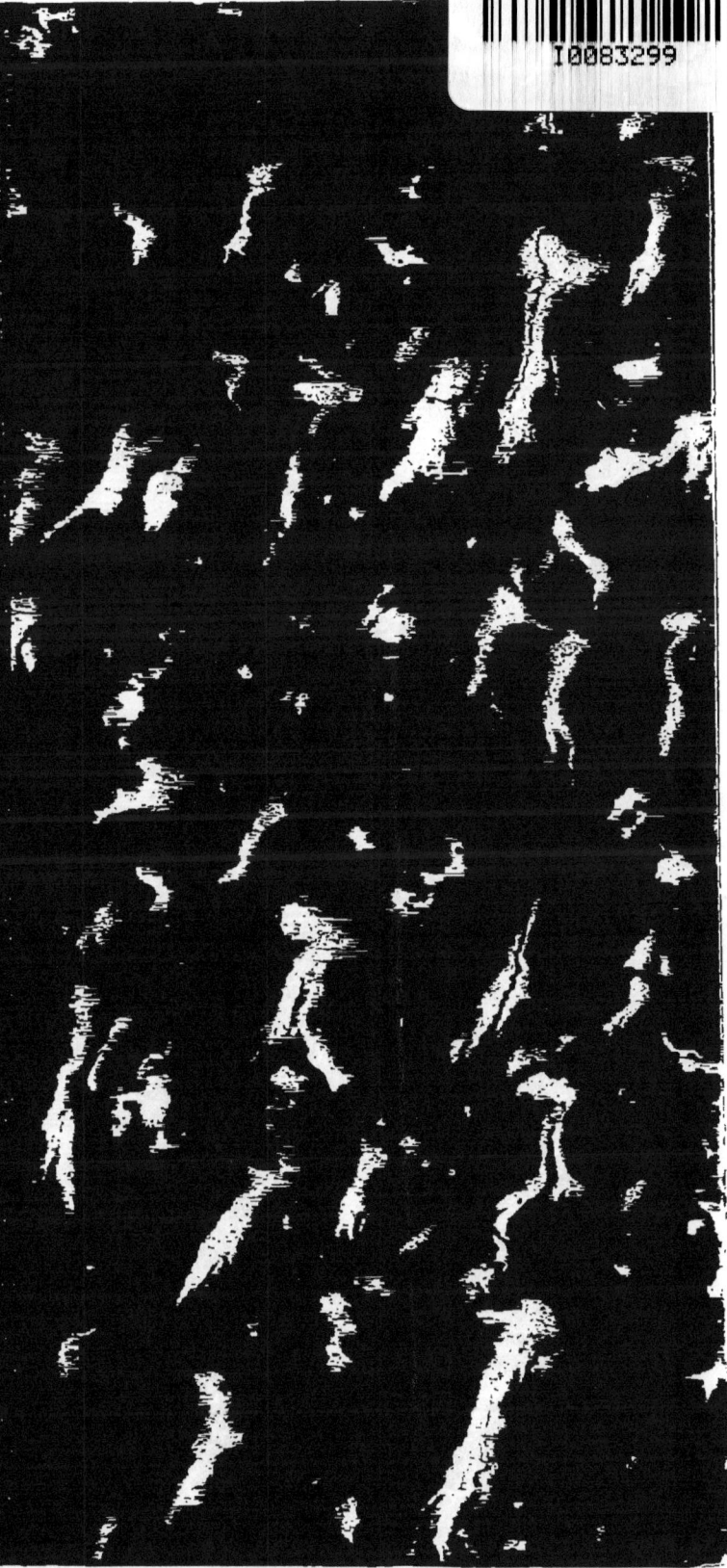

ALFRED COPIN

LES

MAISONS

HISTORIQUES

DE PARIS

PARIS

A. DUPRET, EDITEUR

3, RUE DE MÉDICIS, 3

—

1888

LES

Maisons Historiques

DE PARIS

I

8° Z Le Senne 4928

ALFRED COPIN

LES MAISONS

HISTORIQUES

DE PARIS

PARIS

A. DUPRET, EDITEUR

3, RUE DE MÉDICIS, 3

—

1888

A PAUL LACOMBE.

Hommage affectueux.

A. C.

LES

Maisons Historiques

DE PARIS

Je n'ai certes pas l'intention d'é-
numérer ici toutes les maisons historiques de Paris; un gros volume
n'y suffirait point. Mais je veux
attirer l'attention du public sur les
travaux du Comité des Inscriptions
parisiennes, institué par arrêté du
10 mars 1879, sous l'influence de
M. Hérold, alors préfet de la Seine,
et sous la présidence du regretté
Henri Martin.

N'ayant pas l'honneur de faire
partie du Comité, je puis en parler
tout à mon aise. Je saluerai d'abord
son président actuel, l'érudit M. Léo-

pold Delisle, je constaterai le zèle infatigable de son tout dévoué secrétaire, M. Edgar Mareuse, sans oublier M. Hochereau, le conservateur du plan, et je passerai outre.

Le but du Comité est le suivant : Rappeler par une inscription commémorative les maisons ou emplacements rendus célèbres dans l'histoire de Paris par la présence d'un personnage illustre ou par un événement mémorable. D'où ces petites plaques de marbre blanc apposées à la façade des maisons que l'on veut désigner à l'attention de la foule. Travail fort minutieux, en somme, que la mise en place de ces inscriptions, car il ne s'agit de rien moins que de fixer un point d'histoire. Ajoutons que le Conseil municipal s'est associé de tout cœur à l'œuvre si digne d'intérêt entreprise par le Comité, en ouvrant un crédit annuel pour subvenir aux frais.

Le Comité pouvait-il faire plus qu'il n'a fait jusqu'à ce jour ? Assurément non. Et cependant il restait encore un petit travail à accomplir, une espèce de résumé à établir, un résumé explicatif ; je n'ai pas tenté de faire autre chose ici. Je précise : une inscription ne peut être que laconique, et je déclare que la plus courte est la meilleure. Est-ce assez cependant ? Me suffira-t-il de savoir, par exemple, pour moi public, que Mirabeau est mort dans cette maison ? Si je m'intéresse pour si peu que ce soit aux événements historiques, ne vais-je pas me demander aussitôt, à la lecture de cette plaque, si la maison était ainsi quand le grand orateur l'habitait, s'il y demeura longtemps, ce qu'il put y faire ; je voudrais me remettre en mémoire les détails de sa mort, dans quelles circonstances elle survint. Certainement cette inscription

2

m'instruit; mais elle me donne l'envie de m'instruire plus encore.

Et maintenant par où faut-il commencer? Car plusieurs façons de procéder s'offrent à nous. Devons-nous nous occuper d'abord de tout ce qui a rapport aux philosophes, pour passer ensuite aux savants, aux artistes, etc. ? Devons-nous adopter un ordre chronologique? Faut-il tenir compte de l'époque où les plaques ont été posées, ou convient-il d'adopter une classification alphabétique?

Eh! bien, si vous voulez m'en croire, nous laisserons de côté tous ces systèmes fort peu pratiques en somme, car ils sont propres à faire naître une confusion dans l'esprit, et prenant comme point de départ le faubourg Saint-Antoine, là-bas, à l'extrémité de Paris — il nous faut bien partir de quelque part, — nous nous promènerons en curieux par la ville, en relevant çà et là ce qui se présentera à nos regards.

L'inscription qui s'étale à la façade de la maison portant le numéro 151 du faubourg St-Antoine, a été posée une des premières par délibération du Conseil municipal de Paris, en date du 14 mai 1878; non pas qu'un souvenir se rattache à cette maison, mais à l'événement qui s'est passé devant. Lisez plutôt :

DEVANT CETTE MAISON
EST TOMBÉ GLORIEUSEMENT
JEAN-BAPTISTE-ALPHONSE-VICTOR
BAUDIN
REPRÉSENTANT DU PEUPLE POUR LE
DÉPARTEMENT DE L'AIN
TUÉ LE 4 DÉCEMBRE 1851,
EN DÉFENDANT
LA LOI ET LA RÉPUBLIQUE.

On se rappelle les détails de cette sanglante journée. Avant d'être re-

présentant Baudin avait été méde-
cin. Il n'avait pas tout à fait trente-
trois ans. On se battait au faubourg
Saint-Antoine. Baudin se figura qu'à
la vue de son écharpe tricolore les
soldats cesseraient le feu. Il partit,
accompagné de Schœlcher et de
quelques représentants. Ils n'étaient
point armés. Au coin de la rue
Sainte-Marguerite, on leur cria : A
bas les vingt-cinq francs ! — Vous
allez voir comme on meurt pour
vingt-cinq francs, répondit Baudin.
Schœlcher, debout sur la barricade,
voulut parler. Malheureusement un
coup de fusil fut tiré de cette barricade. Les soldats ripostèrent par un
feu de peloton. Baudin tomba, frappé
de trois balles. Une demi-heure
après il expirait, sans avoir repris
connaissance.

En quittant le faubourg Saint-
Antoine, il nous faut traverser la
place de la Bastille pour relever une

inscription. Sur la maison qui porte le numéro 3, nous lisons :

> PLAN DE LA BASTILLE
> COMMENCÉE EN 1370
> PRISE PAR LE PEUPLE
> LE 14 JUILLET 1789
> ET RASÉE LA MÊME ANNÉE.

Puis au-dessous du plan :

> LE PÉRIMÈTRE DE CETTE FORTERESSE
> FST TRACÉ SUR LE SOL DE CETTE PLACE
> (14 JUILLET 1880).

Si maintenant nous nous transportons à côté, 232, rue Saint-Antoine, au coin de la rue Jacques-Cœur, nous lisons encore, à l'entresol d'un marchand de vins :

> ICI ÉTAIT L'ENTRÉE DE L'AVANT-COUR
> DE LA BASTILLE
> PAR LAQUELLE LES ASSAILLANTS
> PÉNÉTRÈRENT
> DANS LA FORTERESSE
> LE 14 JUILLET 1789.

Tout cela demande quelques éclair-
cissements. La forteresse de la Bastille était un parallélogramme assez
étroit et flanqué de huit tours :
quatre tournées vers la ville, et quatre vers le faubourg. Supposez un
immense navire échoué par le tra-
vers de la rue Saint-Antoine, et vous
aurez une idée de l'emplacement de
la Bastille. Le voyageur qui sortait
de la ville par la rue Saint-Antoine
se trouvait donc tout à coup arrêté
dans sa course par le mur extérieur
de la forteresse, mur garni de bou-
tiques, et s'allongeant dans la direction de la petite rue Saint-Antoine.
Laissant à sa gauche la rue des
Tournelles, puis la rue Jean Beau-
sire, ledit piéton atteignait alors la
porte Saint-Antoine, placée à la hauteur de la brasserie actuelle de Gru-
ber et Reeb, à l'angle du boulevard
Beaumarchais.

Mais laissons ce voyageur sortir

de la ville, et revenons rue Saint-
Antoine. Nous avons devant nous
la Bastille, et nous voulons y péné-
trer. A notre droite, correspondant
à l'entrée de la rue Jacques Cœur,
nous franchissons une première
porte. Nous sommes dans la *Cour
du passage*. (Tracé de la rue Jacques Cœur, en inclinant un peu
vers l'est). Nous voici sur le boulevard Henri IV. Le bureau des omnibus (angle du boulevard Bourdon
et du boulevard Henri IV) a rem-
placé le pont-levis de l'avancée.
Franchissons ce pont-levis imaginaire, et marchons dans la direction
de la gare du chemin de fer de Vincennes que nous avons devant nous.
Nous sommes dans la *Cour du gouvernement*. C'est l'endroit précis où
stationnent à présent les omnibus
de Bastille-Madeleine. Un peu en
avant, une terrasse dominant les
fossés (tracé du canal actuel). Dans

cette position, nous avons la forteresse à notre gauche. Eh! bien,
tournons à gauche encore, et franchissons le deuxième pont-levis. Ici,
il n'y a plus moyen de se tromper.
Un tracé sur le sol indique l'emplacement occupé par l'ancienne forteresse. A notre gauche, une grosse
tour, *la tour de la Baʒinière*; à
notre droite *la tour de la Comté*.
Suivons le tracé à droite, sur la
place. La tour suivante est *la tour
du Trésor*, et la suivante encore,
dans l'axe de la rue Saint-Antoine,
la tour de la Chapelle. La dernière au nord se trouve devant le
pâté de maisons connu sous le nom
de *Maison des phares*. C'est *la tour
du Coin*. Quant à la tour parallèle,
la tour du Puits, elle se trouve en-
clavée dans les constructions actuel-
les. Remontant la rue Saint-Antoine, nous trouvons encore dans
son axe *la tour de la Liberté*, faisant

face à la ville. *La tour de la Bertau-dière*, la dernière, se trouvait donc dans l'angle des rues Saint-Antoine et Jacques Cœur.

D'où il résulte que celui qui se trouvait rue Saint-Antoine et qui voulait entrer à la Bastille, devait tourner à droite, puis à gauche, puis encore à gauche. Tels sont les souvenirs topographiques que ces deux plaques veulent rappeler. L'histoire même de la prise de la Bastille, le 14 juillet 1789, a été trop souvent racontée pour être reproduite ici. Nous passerons de préférence à des sujets moins connus.

Nous avons parlé tout à l'heure de la porte Saint-Antoine et de l'endroit où elle se trouvait. Or en face, c'est à dire où s'élève la maison portant le numéro 2 du boulevard Beaumarchais, se trouvait la maison de l'auteur du *Mariage de Figaro*.

3

BEAUMARCHAIS
NÉ A PARIS
LE 24 JANVIER 1732
AVAIT ICI SON HÔTEL
OU IL MOURUT
LE 18 MAI 1799

La maison de Beaumarchais a été souvent décrite. Elle fut démolie sous la Restauration, en 1818, pour faciliter l'ouverture du canal Saint-Martin. Un vaste jardin, qui s'étendait jusqu'au boulevard actuel, était terminé par un pavillon où Beaumarchais se plaisait à travailler. Ce pavillon disparut à son tour en 1826. La porte d'entrée de l'habitation, qui se trouvait sur le boulevard, porta longtemps cette inscription :

Ce petit jardin fut planté
L'an premier de la Liberté.

Si l'on ne suivait pas le jardin, on trouvait, pour arriver à la maison,

un vaste souterrain qui aboutissait
à une cour dans le genre italien, au
milieu de laquelle se dressait la statue du *gladiateur combattant*. Le
jardin était tout parsemé de grottes,
de ponts chinois, de bassins, de
rocailles. Le Comité a bien fait de
rappeler le séjour préféré de Beaumarchais.

Nous traverserons ensuite la place
des Vosges pour trouver cette inscription à la maison portant le numéro 11 bis, rue de Birague (façade
sur la place des Vosges).

DANS CET HÔTEL

EST NÉE

LE 6 FÉVRIER 1626

MARIE DE RABUTIN-CHANTAL

MARQUISE DE SÉVIGNÉ

Ayant perdu dès sa première année son père, qui périt en défendant
l'île de Ré contre les Anglais, et cinq
ans après sa mère, Marie de Cou-

langes, celle qui devait s'appeler
plus tard la marquise de Sévigné, fut
élevée par son oncle maternel, et
par conséquent n'habita pas longtemps cette maison natale. Nous
aurons l'occasion de reparler d'elle
un peu plus loin, à propos de l'hôtel Carnavalet.

Arrêtons-nous, 10, rue de Birague,
devant une maison de simple apparence :

JOSEPH LAKANAL
MEMBRE DE LA CONVENTION NATIONALE
RÉORGANISATEUR
DE L'INSTRUCTION PUBLIQUE
NÉ A SERRES (COMTÉ DE FOIX)
LE 14 JUILLET 1762
EST MORT DANS CETTE MAISON
LE 14 JUIN 1845.

Joseph Lakanal professait la phi-
losophie à Moulins lorsque la Révolution éclata. Député de l'Ariège
à la Convention nationale, cet hon-

nête homme consacra tout son temps
aux sciences et aux lettres. C'est à lui
que l'on doit la transformation ou
la fondation du Muséum d'histoire
naturelle, de l'Ecole normale, de
l'Ecole centrale, de l'Institut, du
bureau des Longitudes, etc. Après
le 18 brumaire, Lakanal occupait
une modeste chaire à l'Ecole centrale de la rue Saint-Antoine (lycée
Charlemagne). Refugié aux Etats-
Unis en 1816, Lakanal ne rentra en
France qu'en 1837. Ses mœurs
étaient simples, son caractère stoïque,
sa vieillesse sereine. C'est là qu'il
s'éteignit en 1845, pauvre, comme il
avait toujours vécu, laissant une
femme et un enfant. « Je vais paraître
les mains pures devant cette Provi-
dence que je ne comprends pas, mais
que je sens, disait-il ». Avoir rappelé
le souvenir de ce sage, presque oublié
aujourd'hui, est une bonne action
dont il faut savoir gré au Comité.

Si nous nous dirigeons à présent
vers la Seine, nous relevons l'inscription suivante, à l'angle de la rue
des Jardins-Saint-Paul et du quai
des Célestins :

> FRANÇOIS RABELAIS
>
> NÉ A CHINON
>
> EST MORT
>
> DANS UNE MAISON
>
> DE LA RUE
>
> DES JARDINS SAINT PAUL
>
> LE 9 AVRIL 1553.

J'avouerai que cette déclaration,
mise à l'instigation du Bibliophile
Jacob (Paul Lacroix), m'a-t-on dit,
ne me satisfait nullement. D'abord
en 1553, la rue des Jardins-Saint-
Paul n'était pas prolongée jusqu'au
quai. L'endroit n'est donc pas bien
choisi. Ensuite comme la maison
n'est nullement désignée, cette inscription me laisse dans l'esprit je ne
sais quoi de vague qui m'irrite au

lieu de me contenter. « Une maison. » Quelle maison ? Il paraît que
Charles Nodier retirait son chapeau
en passant devant le n° 8 pour saluer la masure qu'il croyait avoir
été le dernier séjour du joyeux curé
de Meudon. Toujours est-il que
cette existence étrange trouva sa
fin dans une maison de la petite rue
des Jardins. On inhuma son corps
au cimetière de Saint-Paul, à côté.
Ne quittons pas le quai des Célestins sans rappeler que le Comité a
décidé la pose de deux nouvelles
plaques, l'une au n° 4, maison mortuaire du célèbre sculpteur Barye
(1795 — 1875) l'autre sur le marché
de l'Ave-Maria qui s'élève sur l'emplacement du jeu de paume de la
Croix-Noire, où Molière et la troupe
de l'Illustre Théâtre jouèrent en
1645.

A l'angle formé par le quai des Célestins et le marché de l'Ave Maria,

nous remonterons la rue du Fau-
connier. Presque aussitôt, à notre
gauche, à l'angle de la rue de l'Hôtel-de-Ville et de la rue du Figuier,
nous nous trouverons en face d'un
vieil hôtel très pittoresque d'aspect,
et flanqué de tourelles. Nous sommes
devant l'hôtel de Sens.

HOTEL DE SENS.

—

CET HOTEL
RÉSIDENCE DES ARCHEVÈQUES
DE SENS
MÉTROPOLITAINS DES ÉVÈQUES
DE PARIS
JUSQU'EN 1623
A ÉTÉ CONSTRUIT VERS 1500
PAR LES ORDRES
DE TRISTAN DE SALAZAR.

Ce château gothique en pleine
ville, avec sa porte et sa poterne, est
évidemment un des plus curieux
vestiges du vieux Paris. Les évêques

de Paris dépendaient en ce temps
des archevêques de Sens. Charles V,
en prenant l'hôtel de ces derniers
pour l'ajouter au royal séjour de
Saint-Paul, leur donna en échange
l'hôtel d'Estoménil, que l'un d'eux,
Tristan de Salazar, fit rétablir.
Etrange figure que ce Tristan, fils
d'un capitaine espagnol et compa-
gnon d'armes de Louis XII, prélat
pour qui la cotte de mailles rempla-
çait volontiers l'étole, et le cimier la
mitre. C'est là qu'habitèrent tour à
tour Louis de Bourbon, Louis de
Guise, cardinal de Lorraine, de Ber-
trandi, garde des sceaux, le cardinal
Pellevé, un des chefs de la Ligue.
Celui-ci mourut de saisissement dans
ce séjour en apprenant que les portes
de Paris s'ouvraient devant le Béar-
nais. Enfin c'est aussi là que demeura
Marguerite de Valois, l'épouse répu-
diée d'Henri IV. Le 5 avril 1606, la
reine rentrait en carrosse à l'hôtel

4

en compagnie de son page Julien,
lorsque le jeune comte de Vermond
assassina le page par jalousie On lui
trancha la téte deux jours plus tard,
en présence de Marguerite, à l'endroit même où nous nous sommes
arrêtés.

Lorsque les métropolita ins de Sens
perdirent leur suprématie sur l'évê-
ché de Paris, érigé en archevêché,
cet hôtel ne fut plus pour eux qu'une
valeur locative. En 1752, les messa-
geries de Lyon y avaient établi leurs
bureaux et leurs écuries. Le 1er Ven-
tôse an V, il est vendu comme bien
national. Dès lors toutes sortes de
commerces s'y succèdent : il est tour
à tour occupé par un commission-
naire de roulage, un marchand de
peaux de lapins en gros, etc., etc.
Dans ces derniers temps nous y
avons connu une confiturerie.

Au moment où j'écris ces lignes,
l'hôtel de Sens que j'ai été revoir,

est à louer. J'ignore quels sont les
desseins de la ville, mais il serait bien
à souhaiter que cet immeuble fut
sauvegardé de la destruction ou de la
mutilation par le Conseil municipal.
Jamais endroit ne prêta plus à l'établissement d'un musée.

Nous reviendrons à la rue Sévigné, et à l'hôtel Carnavalet. La
façade de l'hôtel sur la rue des
Francs-Bourgeois porte cette inscription que nous reproduisons
ici :

MARIE DE RABUTIN-CHANTAL
MARQUISE DE SÉVIGNÉ
HABITA CET HOTEL
DE 1674 A 1696.

Tout le monde connaît ce ravis-
sant hôtel qui sert à présent de musée et de bibliothèque à la ville de
Paris. En 1544, les religieux du
Val des Ecoliers avaient vendu leur
terrain de la Culture-Sainte-Cathe-

rine. Au nombre des acquéreurs
fut Jacques des Ligneris, seigneur
de Crosnes, président au Parlement
de Paris. Riche et ne voulant rien
épargner pour que cette demeure
fût digne de lui, le sire des Ligneris s'adressa à son ami Pierre Les-
cot qui lui fournit le dessin. Ce
projet était tout simplement un
chef-d'œuvre. Jean Bullant en dirigea les travaux. Les statues exté-
rieures sont dues au ciseau de Jean
Goujon. Devenue ensuite la propriété du sire de Kernevenoy, appelé à la cour du nom plus facile à
prononcer de Carnavalet, cette maison devait, un siècle plus tard,
passer aux mains de la marquise de
Sévigné. Dans l'intervalle, un de
ses propriétaires, un sieur d'Agaurri,
avait fait construire l'aile droite par
Mansard. Que de joie la marquise
eut à posséder cet hôtel, et quelle
constance à le garder ! Elle ne de-

vait cependant pas y fermer les
yeux, puisqu'elle mourut dans un
voyage qu'elle fit à Grignon, en allant voir sa fille malade. Après la
mort de madame de Sévigné finit
la splendeur de cette habitation.
Devenue après la Révolution le bureau de la direction de la librairie,
Napoléon y établit plus tard l'E-
cole des Ponts et Chaussées. Nous
y avons connu l'institution Verdot,
il y a quelque vingt ans. Aujourd'-
hui, c'est un musée municipal.
L'endroit ne pouvait être mieux
choisi.

En poursuivant notre route par
la rue des Francs-Bourgeois, nous
nous arrêterons un instant devant
les Archives, et nous entrerons
dans la cour du Mont-de-piété.
Là, vis-à-vis la porte d'entrée,
nous relèverons l'inscription suivante :

L'ENCEINTE DE PARIS
COMMENCÉE
·   PAR
PHILIPPE-AUGUSTE
VERS 1190
TRAVERSAIT L'EMPLACEMENT
DE CETTE COUR
SUIVANT LE TRACÉ
EXÉCUTÉ SUR LE SOL.

Il nous suffira de jeter les yeux
sur un ancien plan de Paris pour
nous rendre compte du périmètre de
cette enceinte. En partant de la
porte Saint-Antoine, côté nord, le
rempart se dirigeait en droite ligne
vers la porte Barbette (rue Vieille-du
Temple), longeait les Blancs-Man-
teaux, puis atteignait la porte du
Temple (rue du Temple.) Ce rempart était flanqué de grosses tours
rondes comme nous pouvons encore en voir une fort habilement
réparée, précisément en cet endroit.

Vous pouvez apercevoir cette tour
derrière la grille qui sépare le bâtiment du mont-de-piété et la maison
voisine du côté de la rue des Archives. Tel est le souvenir que la
plaque ci-dessus a voulu rappeler.

Place du Châtelet, à droite et à
gauche de la porte d'entrée de la
Chambre des notaires, deux plaques
de marbre blanc. Sur celle de droite
le plan du grand Chatelet.

Sur celle de gauche :

SUR CETTE PLACE

S'ÉLEVAIT

LE GRAND CHATELET

ANCIENNE ENTRÉE

FORTIFIÉE

DE LA CITÉ

SIÈGE

DE LA PRÉVOTÉ DE PARIS

ET DE LA COMPAGNIE

DES NOTAIRES

Nous complèterons par quelques

lignes ces laconiques indications :
la place du Châtelet fut formée en
1802, après la démolition de la forteresse. C'est à cette époque que la
colonne du Palmier, rappelant nos
victoires en Egypte, fut élevée. Lors
de l'ouverture du boulevard Sébas-
topol, vers 1857-1858, l'axe de la
place fut forcément changé. Le
21 avril 1858, la colonne enlevée
de son piédestal, entourée de char-
pentes, de barres de fer et de corda-
ges, fut soulevée à l'aide du cabestan,
placée sur deux rails, enlevée comme
on pose un flambeau sur une table,
et transportée douze mètres plus loin.

L'espace compris entre la Chambre
des notaires et le terre-plein de la
fontaine représente exactement l'emplacement occupé par la Boucherie.
L'espace compris entre le théâtre
du Châtelet et l'endroit où s'arrête le
tramway de Montrouge, est l'emplacement du Châtelet. La rue Saint-

Leufroy, passage voûté faisant suite à la rue Saint-Denis, et traversant le Châtelet, correspondait donc à la bordure gauche du trottoir de la fontaine. Les grosses tours du Châtelet, forteresse destinée à protéger l'entrée de la Cité, étaient naturellement tournées du côté du nord.

A deux pas de là, sur le quai, à l'angle même du théâtre du Châtelet, une autre plaque nous apprend que le peintre David naquit en cet endroit où son père tenait un magasin de mercerie.

LE PEINTRE LOUIS DAVID

MORT EN EXIL

A BRUXELLES

LE 29 DÉCEMBRE 1825

EST NÉ DANS UNE MAISON

DU QUAI DE LA MÉGISSERIE

LE 30 AOUT 1748

Le quartier des Halles, un des plus anciens de Paris, n'est pas sans

posséder de nombreux souvenirs
historiques, mais bien des inscriptions votées par le Comité n'ont
pas encore été mises en place, telle
que celle de la rue Etienne Marcel,
devant nous faire souvenir que la
vieille tour que l'on a respectée est
celle qui fut élevée vers 1410 par
Jean Sans Peur, et dépendait de
l'hôtel d'Artois résidence des ducs
de Bourgogne; ou bien encore celle
de la rue Française sur l'emplacement
du théâtre de l'hôtel de Bourgogne.

Nous sommes forcés de nous occuper avant tout de celles que nous
voyons. C'est d'abord rue Jean-
Jacques Rousseau sur les murs
mêmes du nouvel hôtel des Postes :

JEAN DE LA FONTAINE
NÉ LE 8 JUILLET 1621
EST MORT LE 13 AVRIL 1695
A L'HÔTEL D'HERVART
QUI S'ÉLEVAIT
A CETTE PLACE

Après la mort de madame de La Sablière chez qui le fabuliste avait vécu vingt ans, M. d'Hervart était venu lui offrir de loger chez lui. On connaît la réponse du poëte : « J'y allais ! » dit-il à son ami avec une touchante bonhomie, et c'est là qu'il devait mourir, âgé de près de soixante-quinze ans.

Les travaux qui bouleversent en ce moment le quartier de la Halle aux blés pour la construction de la Bourse du Commerce, ont fait disparaître pour quelque temps l'inscription ci-dessous. Mais comme il n'a jamais été question de la supprimer, nous devons la considérer comme en place :

SUR L'EMPLACEMENT DE LA HALLE

AU BLÉ

ET DES RUES ENVIRONNANTES

S'ÉLEVAIT L'HÔTEL DE LA REINE

NOMMÉ PLUS TARD HÔTEL DE SOISSONS

CONSTRUIT POUR CATHERINE DE MÉDICIS
EN 1572
PAR PHILIBERT DELORME.
LA COLONNE ASTRONOMIQUE
DERNIER VESTIGE DE CET HÔTEL
FUT RACHETÉE ET CONSERVÉE EN 1748
PAR PETIT DE BACHAUMONT
ET DONNÉE PAR LUI A LA VILLE
DE PARIS

Nous n'aurons que peu de mots à ajouter à une explication aussi complète. La colonne astronomique que nous voyons encore aujourd'hui, et qui n'a pas moins de quatre-vingts pieds de haut, fut bâtie par Jean Bullant. Le poète Bachaumont, craignant que la colonne ne fût comprise dans la démolition de l'hôtel de Soissons, avait donné 1800 livres de cet observatoire de la Reine. Plus tard M. de Viarme, prévôt des marchands, fit pratiquer une fontaine au pied du monument et tracer un cadran astronomique. Mais de l'hôtel de Soissons on chercherait en vain une seule pierre.

Rue de Rivoli, 144, nous relevons l'inscription qu'on va lire :

A CETTE PLACE

S'ÉLEVAIT L'HÔTEL

OU

L'AMIRAL COLIGNY

PÉRIT ASSASSINÉ

DANS LA NUIT

DE LA SAINT-BARTHÉLEMY

LE 24 AOUT

1572.

Coligny (Gaspard de Châtillon, Sire de), né en 1517, élevé par Henri II au grade d'amiral, avait embrassé publiquement la Réforme après la mort de ce prince. Nommé lieutenant-général des forces du parti protestant contre les catholiques, il avait combattu contre le duc de Guise, puis, le traité de paix conclu à Saint-Germain, Coligny avait reparu à la Cour. L'hôtel de Ponthieu où il habitait, rue au Comte de Ponthieu, ne lui appartenait précisément pas. Les protestants ne pouvaient posséder aucun immeuble, mais l'amiral trouvait une retraite aussi convenable que possible dans une famille dont l'un de ses membres, Anne Dubourg, conseiller au parlement de Paris, avait subi en 1559 le dernier supplice pour cause de protestantisme.

C'est donc dans cet hôtel qui existait encore rue des Fossés-Saint-Germain-l'Auxerrois, n° 14 (ancienne rue au Comte de Ponthieu), que le 24 août 1572, une troupe d'assassins sous les ordres du duc de Guise fit irruption. Besme, l'un des domestiques du duc, était entré l'épée à la main chez l'amiral. « Jeune homme, lui dit Coligny d'un air calme, tu devrais respecter mes cheveux blancs ; fais ce que tu voudras, tu ne peux abréger ma vie que de quelques jours. » L'assassin frappa l'amiral et jeta son corps par la fenêtre. « C'est bien commencé, s'écria de Guise qui attendait en bas la victime. Allons continuer notre besogne. » C'est le même hôtel qui devait abriter plus tard la belle duchesse de Montbazon, et voir venir au monde la toute charmante Sophie Arnould.

En suivant la rue de l'Arbre-Sec dans la direction de la rue Saint-Honoré, nous arrivons presque en face de la maison natale de Molière. Là, les admirateurs de notre premier génie dramatique n'avaient pas attendu la formation du Comité pour faire placer cette inscription :

CETTE MAISON A ÉTÉ CONSTRUITE
SUR L'EMPLACEMENT DE CELLE OU EST NÉ
MOLIÈRE
LE 15 JANVIER 1622.

La maison natale de Molière se
trouve donc bien rue Saint-Honoré
au coin de la rue Sauval, et non pas
rue du Pont-Neuf comme le ferait
croire une fausse indication. C'est
un point aujourd'hui parfaitement
établi, ne fût-ce que par le baptis-
taire du 15 janvier 1622. La maison
du tapissier du roi était alors connue
dans le public sous le nom de maison
des Singes. Lorsqu'elle fut démolie
vers 1800, on transporta au musée
des monuments français, fondé par
Alexandre Lenoir, le vieux poteau
sculpté qui en faisait l'encoignure et
qui lui avait fait donner ce nom.
C'est dans ce logis, où il est né, et
qu'il habita onze ans, que Jean-
Baptiste Poquelin perdit sa mère ;
c'est là aussi que son père se re-
maria. Le père Poquelin quitta
enfin cet établissement pour habiter
sous les piliers de la Tonnellerie,
d'où l'erreur propagée par Voltaire,

erreur dont nous avons parlé plus haut. Ajoutons que c'est surtout grâce à M. de La Rounat que la plaque de marbre noir que l'on voit aujourd'hui a été placée sur la façade de la maison sise rue Saint Honoré, n° 96.

Au numéro 5 de la rue de la Banque, à l'angle de la galerie Vivienne, se trouve une maison de simple apparence avec quatre fenêtres de façade. Le rez-de-chaussée est occupé par un café. Cette maison est la maison mortuaire de Bougainville.

DANS CETTE MAISON

EST MORT

LE 31 AOUT 1811

ANTOINE DE BOUGAINVILLE

NAVIGATEUR

NÉ A PARIS

LE 12 NOVEMBRE 1729

Antoine de Bougainville avait par

conséquent quatre-vingt-deux ans.
Les consuls lui avaient fait régler
une pension de 4000 francs ; l'Empire l'avait fait sénateur, comte de
l'Empire, grand officier de la
Légion d'honneur. La relation de
son voyage autour du monde avait
eu un succès prodigieux. Il faudrait
aller jusque dans l'Océan pacifique
pour retrouver son nom donné aux
terres découvertes par lui.

Revenons rue Saint-Honoré,
c'est-à-dire au Palais Royal. A droite
et à gauche de la rue de Valois nous
lirons :

Côté gauche : (côté du Palais-
Royal)

ICI S'ÉLEVAIT

LA SALLE DE SPECTACLE

DU PALAIS CARDINAL

INAUGURÉE EN 1641

OCCUPÉE PAR LA TROUPE

DE MOLIÈRE

DE 1661 A 1673

ET PAR L'ACADÉMIE ROYALE
DE MUSIQUE
DEPUIS 1673
JUSQU'A L'INCENDIE DE 1763.

Cette salle avait été construite
par J. Lemercier, en 1637, d'après
les ordres du cardinal de Richelieu ;
elle était située à droite en entrant
dans la cour du Palais Royal. A
l'extérieur, rien n'indiquait qu'il y
eut là une salle de spectacle : elle
avait été en effet érigée pour les
divertissements privés du Cardinal·
Quand elle fut affectée à la troupe
de Molière, puis à l'Opéra, le public
dut y arriver par une impasse qui
devint plus tard l'extrémité de la rue
de Valois. Molière joua sans inter-
ruption dans cette salle du 20 janvier 1661 jusqu'au jour de sa mort ;
là furent créés tous ses chefs-
d'œuvre. Après lui, l'Opéra prit
possession de la salle, et y resta

90 ans jusqu'au jour de l'incendie, survenu le 6 avril 1763.

Côté droit : (202, rue Saint-Honoré).

SUR CET EMPLACEMENT
S'ÉLEVAIT LE THÉATRE
DE L'ACADÉMIE ROYALE
DE MUSIQUE
CONSTRUIT
DE 1763 A 1770
PAR PIERRE LOUIS MOREAU
MAITRE GÉNÉRAL
DES BATIMENTS DE LA VILLE
INCENDIÉ
LE 8 JUIN 1781

Après l'incendie de la salle du Palais-Royal, l'Opéra s'était installé aux Tuileries; la nouvelle salle, dont la construction fut confiée à Moreau, ne fut terminée qu'en 1770. Elle avait une façade sur la rue Saint-Honoré, mais qui se confondait dans la décoration générale du

Palais. Elle n'occupait pas seulement l'emplacement de la précédente, elle s'étendait sur le côté, à l'endroit où débouche aujourd'hui la rue de Valois, jusqu'à la maison qui porte le n° 200. Les derrières allaient jusqu'à la Cour des Fontaines dite alors Cour des Bons Enfants. Le 8 juin 1781, vers la fin du ballet, le feu prit dans une frise. Le danseur Dauberval s'en étant aperçu, fit baisser le rideau, et le public sortit tranquillement; il n'en fut pas malheureusement de même du personnel du théâtre : beaucoup périrent pour n'avoir pas eu le temps de se sauver. A partir de ce jour, l'Opéra fut transporté au boulevard Saint-Martin.

Non loin du théâtre de Molière se trouvait la maison où il mourut. Mais là encore nous nous trouvons en face de deux indications, l'une fausse et l'autre vraie; la fausse, au n° 34 de la rue Richelieu ; la vraie au n° 40. Ce point obscur a été trop bien éclairé par M. Auguste Vitu dans son volume la *Maison Mortuaire de Molière* pour que nous puissions conserver le moindre doute sur cette question. Voici donc l'inscription placée sur la façade de la maison portant le n° 40, rue Richelieu :

ICI

S'ÉLEVAIT LA MAISON

OU

MOLIÈRE

NÉ A PARIS

LE 15 JANVIER 1622

EST MORT

LE 17 FÉVRIER 1673

L'ancienne maison, vaste et somptueuse, habitée par Molière et sa femme, était désignée « proche l'Académie des peintres. » C'est là que Molière s'éteignit le vendredi

17 février 1673 au sortir de la quatrième représentation du *Malade Imaginaire*. Ses derniers moments ont été trop souvent racontés pour qu'il soit utile d'y revenir ici. Il appartenait aux artistes de la Comédie-Française de ce siècle, et principalement à Regnier et à Samson, d'ériger en face de cette maison un monument de bronze impérissable à la mémoire de l'immortel auteur du *Misanthrope*.

De l'autre côté de la rue, au nº 39, s'élève une grande maison occupée actuellement par un serrurier d'art :

DIDEROT

PHILOSOPHE ET LITTÉRATEUR

PRINCIPAL AUTEUR DE L'ENCYCLOPÉDIE

NÉ A LANGRES

LE 5 OCTOBRE 1713

EST MORT DANS CETTE MAISON

LE 31 JUILLET 1784

Diderot était gravement malade à

Sèvres lorsque Grimm obtint que
l'Impératrice de Russie se chargeât
de son logement. On se souvient
que, réduit à vendre sa bibliothèque
en 1765, Catherine 11 l'avait ache-
tée 50,000 francs, à condition qu'il
continuerait d'en jouir. Le pauvre
Diderot ne devait pas profiter longtemps de son bel appartement de la
rue Richelieu, puisqu'il y mourut
douze jours après son installation,
non pas dans son lit, mais à table
et subitement. Diderot repose à
Saint-Roch à côté de Corneille dont
nous allons parler.

Vers la fin de sa vie, le vieux Corneille avait élu domicile à la butte
Saint-Roch, dans une maison à deux
portes: l'une sur la rue l'Évêque,
l'autre sur la rue d'Argenteuil. C'était
un quartier de « menues-gens » et
de pauvres. Thomas, dont il se sépa-
rait pour la première fois, demeurait rue du Clos-Georgeot, qui, on

le sait, était tout près. Corneille
vécut deux ans dans ces grandes
chambres froides, dont la disposition
n'avait été en rien changée lorsque
la maison fut démolie en 1877. C'est
là qu'il se partagea entre le recueillement et la prière. La mort venait,
mais comment vivre encore jusque-
là ? La pension payée en juin 1683
ne l'avait pas été l'année suivante.
Colbert mort, Louvois en avait dis-
posé, et cependant tout manquait au
vieux poète. Boileau l'apprit, courut chez le roi, offrit d'abandonner
sa propre pension, et Louis XIV
envoya 2000 livres. Corneille mourut à 78 ans, le 1er octobre 1684.
La butte des Moulins a été bien
bouleversée depuis l'ouverture de
l'Avenue de l'Opéra, et c'est dans le
recoin d'une rue neuve, mais absolument déserte, au n° 6 de la rue
d'Argenteuil, qu'il nous faut à présent aller découvrir l'inscription

7

suivante qui rappelle tant d'intéres-
sants souvenirs :

SUR CET EMPLACEMENT
ÉTAIT LA MAISON OU
PIERRE CORNEILLE
NÉ A ROUEN LE 6 JUIN 1606
EST MORT
LE 1 OCTOBRE 1684

Non loin de là, rue des Petits-
Champs, au numéro 64, cette maison un peu froide, d'aspect sévère,
est la maison du grand Berryer :

DANS CETTE MAISON
DEMEURA
DE 1816 A 1868
PIERRE ANTOINE BERRYER
ORATEUR PARLEMENTAIRE
NÉ A PARIS
LE 4 JANVIER 1790
MORT LE 27 NOVEMBRE 1868.

Fils d'un avocat distingué, Berryer
s'était fait surtout remarquer dans

les causes politiques comme celles
du maréchal Ney, de Lamennais,
de Chateaubriand, du prince Louis
Napoléon, de Montalembert, etc.
Joignant une prestance majestueuse
et un magnifique organe à ses qua-
lités oratoires, il savait donner à
ses discours un effet puissant à
l'audition. On sait que sa statue a
été mise dans la salle des Pas-perdus
du Palais de Justice, en face de celle
de Malesherbes.

En passant rue de Rivoli devant
la maison portant le numéro 230,
presque en face la rue de Castiglione,
nous relèverons l'inscription suivante placée sur un des pilastres du
jardin des Tuileries :

SUR CET EMPLACEMENT
AVANT L'OUVERTURE DE LA RUE DE
RIVOLI
S'ÉLEVAIT LA SALLE DU MANÈGE
OU SIÉGÈRENT SUCCESSIVEMENT

L'ASSEMBLÉE CONSTITUANTE
DU 1 NOVEMBRE 1789
AU 30 SEPTEMBRE 1791
L'ASSEMBLÉE LÉGISLATIVE
DU 1 OCTOBRE 1791
AU 20 SEPTEMBRE 1792
LA CONVENTION NATIONALE
DU 21 SEPTEMBRE 1792
AU 9 MAI 1793
ET OU FUT INSTITUÉE LA RÉPUBLIQUE
LE 21 SEPTEMBRE 1792

Le manège des Tuileries, ou Académie d'équitation, qui se trouvait absolument dans l'axe de la rue de Rivoli, était inoccupé depuis queltemps lorsque l'Assemblée Nationale vint s'y établir. C'était un espace long et étroit, mais la voûte très épaisse de la salle, au lieu de répercuter la voix, la gardait et l'assourdissait. Le manège avait environ quarante toises de longueur, et on lui en donna dix de largeur en sup-

primant les boxes ; il touchait à
l'enclos des Feuillants dont il n'était
séparé que par un étroit passage
conduisant au jardin de Tuileries.
Les bâtiments du couvent servirent
à l'installation des bureaux. Les représentants se rendaient au lieu de
leurs réunions par l'ancienne impasse Saint-Vincent, ou cul-de-sac
du Dauphin, qui débouchait dans la
rue Saint-Honoré. Quel contraste
entre cette modeste et si incommode
salle d'un si difficile accès avec les
splendeurs du palais de Versailles
où jusque-là ils avaient siégé ! La
Convention quitta le manège pour
aller s'installer dans la salle des
machines, au palais des Tuileries.

Toujours dans le même quartier
et dans une rue fort peu fréquentée,
la rue du Mont-Thabor, nous lirons,
au numéro 6, cette inscription rela-
tive à l'auteur de *Namouna.*

ALFRED DE MUSSET
NÉ A PARIS LE 11 DÉCEMBRE 1810
EST MORT DANS CETTE MAISON
LE 2 MAI 1857

Les derniers moments d'Alfred de Musset ont été fort peu racontés. Qui le croirait aujourd'hui? Son enterrement fut celui d'un inconnu. Un corbillard des plus modestes, suivi à peine de cent personnes — tous gens de choix et de cœur, il est vrai — emportait au champ du repos le chantre de *Rolla*. A peine si la foule faisait attention à ce cercueil qui passait! Musset mourait à 46 ans, à l'âge de l'action, des ambitions, des grandes entreprises, épuisé, anéanti, fini. Trois poètes s'étaient partagés ce siècle : Lamartine, Hugo et Musset. Le plus jeune, le dernier venu des trois, s'en allait le premier. Nom, distinction, figure, esprit des plus fins, intelligence au plus haut degré, gloire, honneurs, Alfred de Musset avait goûté à tous les enivrements de l'existence. Bizarre destinée, et si courte, et si pleine! Vie brillante, dont quelques défaillances, hélas! devaient obscurcir le déclin!

Traversons à présent la rue Royale, et pénétrons dans le VIIIᵉ arrondissement. La rue d'Anjou renferme deux souvenirs ; c'est d'abord au nᵒ 6, presque en face de l'entrée de la mairie :

LE GÉNÉRAL LA FAYETTE
DÉFENSEUR DE LA LIBERTÉ
EN AMÉRIQUE
L'UN DES FONDATEURS DE LA LIBERTÉ
EN FRANCE
NÉ LE 6 SEPTEMBRE 1757
AU CHATEAU DE CHAVAGNAC
EN AUVERGNE
EST MORT DANS CETTE MAISON
LE 20 MAI 1834

La discussion de l'adresse au trône, en janvier 1834, avait été le dernier débat parlementaire auquel La Fayette avait pris part. Une maladie de vessie, dont il avait recueilli le germe aux obsèques de l'infortuné Dulong, s'aggrava rapidement, et l'enleva le 20 mai, dans sa 77me année. Son cercueil fut accompagné à l'église de l'Assomption par un nombreux cortège qui ne quitta sa dépouille mortelle qu'au cimetière de Picpus où avait lieu l'inhumation.

Dans la même rue, au numéro 29, nous trouvons la maison mortuaire de Benjamin Constant :

BENJAMIN CONSTANT
ÉCRIVAIN ET DÉPUTÉ
NÉ LE 25 OCTOBRE 1767
A LAUSANNE (SUISSE)
EST MORT DANS CETTE MAISON
LE 8 DÉCEMBRE 1830.

Après avoir été toute sa vie le
jouet des pouvoirs et des opposi-
tions, après avoir dépensé ses forces
et sa santé, sa fortune, et même
celle des autres, après avoir fait et
défait à plusieurs reprises sa gloire,
Benjamin Constant mourut aux
premiers jours de la Révolution de
Juillet, sans avoir pu reconnaître si
sa présidence au Conseil d'Etat n'é-
tait pas un rêve. Il mourait au moment où s'ouvrait le procès des mi-
nistres qu'il avait si vivement
combattus. Le 12 décembre son
corps fut porté au temple protestant de la rue Saint-Antoine, au
milieu d'un concours immense, et
sous le patronage de quatre-vingt-
quatre patriotes pris dans toutes
les classes. Au premier anniversaire
de Juillet son corps fut transféré au
Panthéon.

En quittant la rue d'Anjou, il
nous faudra aller jusqu'à Passy

8

pour trouver une nouvelle plaque
commémorative. Elle se montre à
la façade de la maison portant le
numéro 38, rue Vital :

L'HISTORIEN

HENRI MARTIN

NÉ A SAINT-QUENTIN

LE 20 FÉVRIER 1810

EST MORT DANS CETTE MAISON

LE 14 DÉCEMBRE 1883.

Il appartenait surtout au Comité
de célébrer sans retard la mémoire
de son regretté Président. Henri
Martin souffrait depuis plusieurs
jours d'une pneumonie, lorsqu'il
succomba le 14 décembre 1883.
En lui, on peut saluer la persévé-
rance tenace, et la volonté opi-
niâtre. A coup sûr, comme historien, Henri Martin ne possédait
ni la langue de Michelet, ni la ligne
de Guizot; mais quel travailleur
que cet homme qui entassa vingt

gros volumes sur l'histoire de France,
et qui profita même de ses dernières années pour pousser son travail jusqu'à l'histoire contempo-
raine ! Tant de labeur ne devait pas
rester sans récompense ; Henri
Martin, qui était pourtant un modeste, se vit tour à tour proclamé
député, puis sénateur. Bien plus,
quand M. Thiers mourut, il devait
recueillir sa succession académique.
Les obsèques d'Henri Martin revê-
tirent le caractère d'une certaine so-
lennité. Son cercueil, enveloppé
d'un drapeau tricolore, fut transporté à la mairie du seizième arrondissement, d'où il se dirigea vers
le cimetière Montparnasse où l'on
ne prononça pas moins de dix sept
discours !

Revenant sur nos pas, nous ren-
trerons à Paris par la Chaussée-
d'Antin. Au numéro 42, maison
mortuaire de Mirabeau :

MIRABEAU
EST MORT
DANS CETTE MAISON
LE 2 AVRIL
1791

Cette maison appartenait alors à Julie Careau, première femme de Talma. Ainsi le premier orateur était le locataire du premier tragédien. La rue s'appelait rue du Mont-Blanc. A la nouvelle de cette mort, le peuple se rassemble devant la maison. On se répète les paroles de Mirabeau expirant. Le bruit court qu'on l'a fait empoisonner. Les théâtres ferment, l'Assemblée nationale décide d'assister en masse aux obsèques, la nation improvise le Panthéon. Le lendemain, la rue est proclamée sienne, rue Mirabeau, dénomination d'un jour, et l'on inscrit sur une table de marbre noir ce distique de Chénier, disparu en 1793 :

« L'âme de Mirabeau s'exhala dans
ces lieux !
« Hommes libres, pleurez ! Tyrans,
baissez les yeux !

Mirabeau avait senti la mort appro-
cher, et faisant ouvrir les fenêtres :
« Mon ami, avait dit-il à Cabanis,
je mourrai aujourd'hui. Il ne reste
plus qu'à s'envelopper de parfums,
qu'à se couronner de fleurs, qu'à s'en-
vironner de musique, afin d'entrer
paisiblement dans le sommeil éter-
nel ». Peu de temps après il expirait.

Un peu plus loin, rue de la
Chaussée-d'Antin, numéro 64, le
souvenir du général Foy ;

LE GÉNÉRAL FOY
LE GRAND ORATEUR LIBÉRAL
NÉ A HAM
LE 3 FÉVRIER 1775
EST MORT
DANS CETTE MAISON
LE 28 NOVEMBRE
1825.

Cent mille citoyens suivirent son
convoi; l'effet de cette mort sur la
France avait été considérable. Et ce
n'était pas seulement l'empresse-
ment d'un vain esprit de parti re-
crutant la foule par les passions; les
hommes graves, les partisans les plus
modérés de la liberté marchaient
avec autant de recueillement que la
jeunesse la plus exaltée. Une sous-
cription ouverte pour doter ses enfants, qu'il laissait sans fortune,
s'éleva à près d'un million. Le gouvernement de la Restauration, in-
terdit et troublé, regardait ce signe
redoutable de l'opinion en France.
C'est que le général Foy, élu par un
des arrondissements de Paris, avait
enseigné à son pays à ne pas déses-
pérer de l'avenir, tout en respectant
la légalité. Cette période avait servi
à doter la France d'une véritable
éducation politique et morale. C'est
le plus grand titre de gloire pour

cette minorité où le général Foy tenait une si belle place.

Vers le même temps, un autre enterrement fit aussi sensation, et faillit même provoquer quelque scandale. Nous voulons parler de l'enterrement de Talma dont nous voyons la maison au n° 9 de la rue de la Tour-des-Dames :

TALMA

NÉ A PARIS

LE 15 JANVIER 1763

EST MORT

DANS CETTE MAISON

LE 10 OCTOBRE 1826.

Talma n'était ni religieux, ni irréligieux ; mais on parlait très fort de l'archevêque de Paris éconduit par la famille du défunt, alors que ce prélat insistait pour rendre visite au tragédien mourant. Bref, l'enterrement était civil, et l'on crai-

gnait de voir se renouveler dans la
rue les scènes scandaleuses qui
avaient troublé les obsèques de la
tragédienne, mademoiselle Rau-
court. Mais tout se passa le plus
tranquillement du monde, au milieu d'une foule immense qui faisait
la haie depuis la maison jusqu'au
cimetière du Père-Lachaise. Rappelons que ce petit coin, silencieux
de la rue de la Tour-des-Dames
était le coin préféré des artistes :
mademoiselle Mars demeurait au
nº 1, mademoiselle Duchesnois au
nº 3, Paul Delaroche au nº 5, et
Talma au nº 9. Enfin Carle et
Horace Vernet demeuraient rue
Saint-Lazare, 56, dans le même
pâté de maisons.

A côté de la rue de la Tour-des-
Dames, nous trouvons la maison du
plus fécond auteur dramatique de
ce siècle, d'Eugène Scribe, rue Pigalle, nº 12 :

EUGÈNE SCRIBE

AUTEUR DRAMATIQUE

NÉ A PARIS

LE 24 DÉCEMBRE 1791

EST MORT

DANS CET HÔTEL

LE 20 FÉVRIER 1861

Scribe mourut pour ainsi dire enseveli dans ses triomphes. Le 2 février 1861, il donnait à l'Opéra-Comique *la Circassienne*, dont Auber avait fait la musique. Quelques jours plus tard, le 20 février, il allait voir Auguste Maquet qui demeurait rue de Bruxelles, quand son cocher venu pour lui ouvrir sa portière ne trouva qu'un cadavre. Il n'est donc pas exact de dire que Scribe mourut dans cette maison; il serait plus juste de dire qu'il habitait cette maison quand il mourut. Scribe laissait 60,000 livres de rentes qu'il devait uniquement à sa plume.

9

Remontant la rue Pigalle, nous trouverons sur notre droite une rue bien déserte, la rue d'Aumale. C'est là qu'habitait l'historien Mignet, au n⁰ 14.

FRANÇOIS MIGNET

HISTORIEN

NÉ A AIX EN PROVENCE

LE 8 MAI 1796

EST MORT

DANS CETTE MAISON

LE 24 MARS 1881.

On connaît l'amitié qui unissait depuis de si longues années M. Thiers et M. Mignet. Les deux historiens avaient voulu finir leur vie l'un près de l'autre. En effet, la maison de l'auteur de l'*Histoire de la Révolution française* est contiguë par les derrières à celle qu'habitait le doyen de l'Académie française. Mignet survécut de quelques années à son vieil ami. C'est là qu'il s'éteignit, paisible, loin du bruit de la grande ville, dans cette rue aux rares passants.

Faisant à présent un bond considérable, nous traverserons la ligne des grands boulevards en nous dirigeant vers les quartiers Saint-Denis et Saint-Martin. Voyez-vous cette étroite bicoque formant un angle aigu à l'intersection des rues Beauregard et de Cléry ? (rue de Cléry nº 97). C'est la maison habitée par André Chénier :

ICI HABITAIT
EN 1793
LE POÈTE
ANDRÉ CHÉNIER.

Inscription étriquée, comme la maison. Eh! quoi, ce pauvre logis abritait l'auteur de *la Jeune Captive*. Il ne faudrait cependant pas croire que c'est là que fut arrêté le jeune poète. André Chénier fut arrêté par hasard à Passy le 17 nivôse. Il se trouvait chez madame de Pastoret qu'un sieur Guénot vint arrêter. Il s'opposa à cet acte arbitraire, et fut mis en état d'arrestation lui-même. Pendant sa longue détention de nivôse à thermidor, il aurait peut-être mieux fait de ne pas écrire, car ses écrits n'étaient pas de nature à lui concilier la clémence de ses geôliers. Mis en jugement le 7 thermidor, il fut exécuté le soir même, barrière de Vincennes. On connaît son mot en descendant l'escalier de la Conciergerie : « Et cependant j'avais quelque chose là ! » Il fut guillotiné le second de la fournée, après Roucher. Deux jours après, le 9 thermidor, à peu près à la même heure, Robespierre était exécuté à son tour place de la Révolution, et André Chénier eût été sauvé !

Au moment où nous écrivons ces lignes, la maison portant le numéro

203 rue Saint-Martin au coin de la
rue Bourg-l'Abbé, est démolie. En
conséquence la plaque qui ornait la
façade a été mise de côté en atten-
dant la reconstruction du nouvel immeuble, mais comme on doit la rétablir, nous n'avons aucune raison
de la passer sous silence :

LE SAVANT

GUILLAUME BUDÉ

L'UN DES FONDATEURS

DU COLLÈGE DE FRANCE

ET PRÉVÔT DES MARCHANDS

NÉ A PARIS EN 1467

EST MORT LE 23 AOUT 1540

DANS CETTE MAISON

DEVENUE HÔTEL DE VIC.

Guillaume Budé joignait au mérite
littéraire celui d'être un bon citoyen,
un chrétien exemplaire, et il jouis-
sait d'une réputation de probité à
toute épreuve, ce qui était exprimé
par deux vers de Juvénal qu'on li-

sait encore sur sa porte au commen-
cement du siècle dernier.

Il mourut d'une fièvre le 23 août
1540. Par son testament, il censu-
rait les désordres de la cour romaine
et les dérèglements du clergé. Il
ordonnait qu'on l'enterrât sans
pompe et pendant la nuit à Saint-
Nicolas des Champs, sa paroisse :
« Je veux, disait-il, être porté de
» nuit en terre et sans semonce, à
» une torche ou deux seulement; car
» je n'approuverai jamais la cou-
» tume des cérémonies lugubres et
» pompes funèbres. »

Disons encore que l'hôtel de Vic
avait été bâti sous François 1er, et
qu'il abrita tour à tour Jacques
Sanguin, prévôt des marchands, le
vice-amiral de Vic, Merri de Vic,
garde des sceaux, Nicolas Chopin,
trésorier du marc d'or, et en 1752,
l'agent de change Papillon.

Au coin de la rue Saint-Martin et

de la rue du Vertbois, se dresse une
vieille tour nouvellement restaurée,
dernier vestige de l'enceinte de l'abbaye de Saint-Martin des Champs :

LA TOUR

DÉPENDANT DE L'ENCEINTE FORTIFIÉE

DU PRIEURÉ

DE SAINT MARTIN DES CHAMPS

CONSTRUITE VERS 1140

ET LA FONTAINE DU VERTBOIS

ÉRIGÉE EN 1712

ONT ÉTÉ CONSERVÉES ET RESTAURÉES

PAR L'ÉTAT

EN 1882

SUIVANT LE VŒU

DES ANTIQUAIRES PARISIENS.

Il y a quelques années la tour du
Vertbois courut un grand danger,
car il ne fut rien moins question que
de la faire disparaître. Cette tour
pourtant est intéressante à plus d'un
point de vue. Elle faisait autrefois
partie du prieuré de Saint-Martin

des Champs qui était entouré d'une enceinte garnie de tourelles. La tour même servait de prison, selon la légende. En 1790 le monastère fut supprimé, et ses bâtiments servirent à l'installation du Conservatoire des arts et métiers. Lors de l'agrandissement de ce musée, la suppression de la tour fut décidée en principe. L'influence de la Commission des monuments historiques, celle de la Société de l'histoire de Paris, et en dernier lieu une fort pressante lettre de Victor Hugo à M. Romain Boulenger, membre du conseil de cette dernière société, sauvèrent cet intéressant monument d'une destruction totale.

Rue Béranger, n° 5 :

LE CHANSONNIER
PIERRE-JEAN DE BÉRANGER
NÉ A PARIS LE 19 AOUT 1780
EST MORT DANS CETTE MAISON
LE 16 JUILLET 1857

Les demeures habitées à Paris par Béranger sont nombreuses, puisqu'on n'en compte pas moins d'une vingtaine. Nous ne pouvons parler ici que des dernières. Après avoir quitté Passy en 1850, le chansonnier était allé vivre dans un appartement de pension bourgeoise, au numéro 113 de la rue d'Enfer. Puis, après avoir passé trois années à Beaujon, où il composa ses derniers vers, il alla se fixer rue Vendôme (actuellement rue Béranger). Le poète mourait d'un hypertrophie du cœur compliquée d'une maladie de foie.

Mademoiselle Judith, la fidèle compagne de toute sa vie, succomba le 8 avril 1857. A partir de ce jour, Béranger attendit son tour avec résignation. Vers la fin de juin, l'anxiété publique ne connut plus de bornes lorsqu'un journal eut annoncé le péril dans lequel se trou-

10

vait l'auteur du *Dieu des bonnes gens*. Ses plus anciens amis, Thiers, Mignet, Lebrun, le visitèrent presque tous les jours. Comme Gœthe à son lit de mort, Béranger fit signe qu'on ouvrît les persiennes, et appela la lumière d'un œil avide.

Le 16 juillet, à quatre heures trente-cinq minutes, Béranger expirait. A cette nouvelle, la tristesse dans Paris fut générale. Quelques heures plus tard, le ministre d'État faisait savoir que le gouvernement se chargerait du soin des funérailles. Tout un peuple accourait. Les bornes, les balcons, les toits, étaient couverts d'une foule frémissante et attendrie. Le gouvernement impérial avait craint un tumulte ; tout se passa dans l'ordre le plus absolu, et les funérailles du poète national furent respectées.

Puis là-bas, bien loin, au numéro 68 de la rue du Chemin-Vert, la maison mortuaire de Parmentier :

ANTOINE AUGUSTIN PARMENTIER

AGRONOME

NÉ LE 17 AOUT 1737

A MONTDIDIER EN PICARDIE

EST MORT DANS CETTE MAISON

LE 17 DÉCEMBRE 1813.

Qui ne connait le nom de Parmentier, l'agronome et le philanthrope, celui à qui la France est redevable de la culture de la pomme de terre? Tour à tour garçon apothicaire, pharmacien dans les hôpitaux de l'armée, chimiste distingué, il fut bientôt appelé à se signaler comme président du Comité de salubrité du département de la Seine et comme inspecteur général des hospices. Mais son titre de gloire pour la postérité sera surtout son *Examen chimique de la pomme de terre*, qui fit d'un légume ignoré une source d'alimentation pour les populations

pauvres. Morose et frondeur, bien
que d'un caractère porté à la bien-
veillance, Parmentier eût pu s'appeler le *bourru bienfaisant*. Le nom
de Parmentier ne périra pas dans
l'histoire de l'humanité.

Enfin pour clore notre prome-
nade sur la rive droite de la Seine,
nous nous arrêterons devant la maison portant le numéro 51 de la rue
de Charonne, maison de Vaucanson :

VAUCANSON

MÉCANICIEN

MEMBRE DE L'ACADÉMIE DES SCIENCES

NÉ A GRENOBLE LE 24 FÉVRIER 1709

EST MORT DANS CETTE MAISON

LE 21 NOVEMBRE 1782

Vaucanson avait acheté cet hôtel
pour en faire son conservatoire
pour ses précieuses collections, et y
demeura lui-même. Par son testament il laissait une partie de ses

mécaniques à la Reine qui ne parut pas en faire grand cas, et témoignait le désir que cette maison logeât des artistes s'occupant de travaux utiles, ce qui eut lieu en effet. Malheureusement, le cabinet des machines fut peu à peu dispersé aux quatre coins de l'Europe. Le *flûteur* et le *joueur d'échecs* allèrent en Allemagne. Ce qui resta en France passa plus tard au Conservatoire des arts et métiers où on le voit encore.

Attaqué d'une longue et cruelle maladie, Vaucanson conserva toute son activité jusqu'au dernier moment. Il s'occupait encore à la fin de sa vie à faire exécuter la machine qu'il avait inventée pour composer sa chaîne sans fin. « Ne perdez point de temps, disait-il aux ouvriers; je ne vivrai peut-être pas assez pour expliquer toute mon idée. » Vaucanson laissait de plus la réputation d'un bon père de famille et d'un homme de bien.

Et maintenant que nous avons terminé nos pérégrinations sur la rive droite, nous franchirons la Seine, sans toutefois oublier l'inscription que le Comité a fait placer dans la Cité, sur la façade de la maison qui porte les numéros 6 et 8 du quai du marché neuf. Car, ceci est à remarquer, la Cité proprement dite, cet antique berceau de la capitale, ne nous en fournit pas davantage.

THÉOPHRASTE RENAUDOT
FONDA EN 1631
LE PREMIER JOURNAL
IMPRIMÉ A PARIS
LA GAZETTE
DANS LA MAISON DU GRAND-COQ
QUI S'ÉLEVAIT ICI
OUVRANT RUE DE LA CALANDRE
ET SORTANT AU MARCHÉ NEUF.

Il existait depuis le XVIe siècle des

journaux en Italie et en Espagne; on
les appelait Gazettes, du nom de la
pièce de monnaie *Gazetta* qu'il fallait
payer pour les lire. Théophraste
Renaudot, né à Loudun en 1584,
était venu fort jeune à Paris, pour
suivre des cours de chirurgie. Actif,
intelligent, il avait obtenu tour à
tour la direction du bureau des
adresses et les fonctions de commis-
saire général des pauvres, ce qui lui
avait permis de créer une espèce de
Mont-de-Piété. Il obtenait enfin le
privilège pour l'établissement de la
Gazette dans la maison du grand
Coq, rue de la Calandre, sur l'emplacement même où nous voyons aujourd'hui cette belle maison neuve;
car il va sans dire que des vestiges
de la Cité, il n'en reste plus aucun
depuis longtemps. Renaudot dirigea
la *Gazette* depuis l'année 1631 jusqu'à sa mort survenue le 25 octobre
1653. Rappelons que ce journal,

continué jusqu'en 1792, forme une collection de 162 volumes in-4°. Le privilège de Renaudot fut prolongé en faveur de ses fils.

Longeant à présent le quai des Grands-Augustins et le quai Conti qui lui fait suite, nous arriverons à l'Institut. Là, s'élevait la Tour de Nesle dont on a voulu perpétuer le souvenir. En effet nous lisons entre les deux colonnes de gauche (aile droite du Palais Mazarin) :

ENCEINTE DE PARIS

BATIE

SOUS LE RÈGNE

DE PHILIPPE AUGUSTE

VERS L'AN 1200

EMPLACEMENT

DE LA

TOUR DE NESLE.

Puis, entre les deux colonnes de droite :

LA TOUR DE NESLE.

Et le plan au-dessous.

La Tour de Nesle, proprement dite, se trouvait donc, ainsi que l'on peut parfaitement s'en rendre compte grâce à ce plan, à l'endroit même où se lit cette inscription commémorative, c'est-à-dire à l'extrémité de l'aile orientale du palais de l'Institut. La Seine, non maintenue par le quai, venait en baigner la base, s'avançant au milieu de la place actuelle, à peu près jusqu'à l'endroit où se dresse aujourd'hui la statue de la République. Le mur d'enceinte de la ville commençait alors au pied de la Tour, puis, allant vers le sud, se dirigeait du côté de la porte Dauphine. L'espace occupé par la grande cour de l'Institut était un fossé rempli d'eau que l'on appelait l'égout Saint-Germain. La porte de Nesle qui servait d'entrée à la ville, avec un pont jeté sur ce fossé, se trouvait à l'endroit corres-

I I

pondant à peu près au côté gauche
de la première cour en entrant.
Telle est la description topogra-
phique aussi complète que possible
de cette tour et de ses dépendances,
tour fameuse qu'une pièce de théâtre
devait rendre si célèbre et si popu-
laire aux boulevards il y a quelque
cinquante ans.

De l'autre côté des fossés, c'est-à-
dire rue Mazarine, sur une maison,
au numéro 12, nous lisons :

ICI S'ÉLEVAIT

LE JEU DE PAUME

DES MESTAYERS

OU LA TROUPE DE MOLIÈRE

OUVRIT

EN DÉCEMBRE 1643

L'ILLUSTRE THÉATRE

Sous le règne de Louis XIII, la
comédie se donnait ordinairement
dans des jeux de paume, et ces éta-
blissements étaient toujours situés

de préférence dans les fossés des villes. Celui qui nous occupe, le jeu de paume des Mestayers, ainsi désigné à cause du nom de ses premiers propriétaires, fut le premier endroit choisi par Molière pour se produire en public à Paris. Le propriétaire de la salle qui affermait ce local aux jeunes comédiens, suivant un acte en date du 12 septembre 1643, s'obligeait concurremment avec un charpentier et un menuisier à mettre les lieux en état pour la saison d'hiver. Le 31 octobre, les quatre musiciens composant l'orchestre étaient engagés pour trois ans à raison de vingt sols par jour pour chacun. Le 28 décembre les réparations sont terminées, et marché passé avec le paveur des bâtiments du Roi afin de rendre les abords du nouveau théâtre accessibles. Cette nouvelle concurrence à l'Hôtel de Bourgogne, qui se qualifiait d'*Illus-*

tre Théâtre, ouvrait enfin ses portes le dernier jour de l'année. Mais, hélas! le succès ne répondit pas à l'attente. Le Boulanger de Chalussay a raillé la malheureuse troupe dans son pamphlet.

L'argent de nos goussets, ne blessa point nos
[hanches.
Car alors, excepté les exempts de payer,
Les parents de la troupe et quelques bateliers,
Nul animal vivant n'entra dans notre salle.

Un an plus tard, le 19 décembre 1644, J.B.-Poquelin, se portant fort de la compagnie de *l'Illustre Théâtre*, se voyait contraint de renoncer au bail, et de transporter son matériel au Jeu de Paume de la Croix noire, au port Saint-Paul. 42, rue Mazarine :

ICI S'ELEVAIT

LE THEATRE DE GUÉNEGAUD
OPÉRA 1671-1672

—

TROUPES DE MOLIÈRE
ET DU MARAIS RÉUNIES

APRÈS LA MORT DE MOLIÈRE
1673-1680

—

COMÉDIE FRANÇAISE
1680-1689.

Molière mort, ses comédiens, réunis le 9 juillet 1673 aux acteurs du Marais, s'installèrent à l'hôtel Guénégaud, rue des fossés Saint-Germain des Prés, actuellement rue Mazarine. C'est de la jonction de ces deux troupes avec celle de l'hôtel de Bourgogne, par ordre de Louis XIV, en 1680, que devait sortir la Comédie Française.

Le 3 mai 1673 les comédiens forment une convention pour continuer à représenter le répertoire de Molière dans la salle de spectacle située rue Mazarine. Les ordres pour la réunion des comédiens français des hôtels de Guénégand et de Bourgogne sont en date des 18, 23, 26 août 1680; la lettre de

cachet du Roi est du 22 octobre
de la même année. La troupe unique se composait alors de 27 socié-
taires avec 20 parts à distribuer.
Les comédiens ne devaient quitter
cet hôtel que pour aller s'installer
dans le Jeu de Paume de l'Etoile,
rue Saint-Germain des Prés.

Quai Voltaire 27, à l'angle de la
rue de Beaune, s'élève une belle
maison avec cinq fenêtres de façade
sur le quai. C'est la maison mortuaire de Voltaire :

VOLTAIRE
NÉ A PARIS
LE 21 NOVEMBRE 1694
EST MORT
DANS CETTE MAISON
LE 30 MAI 1778

Il y avait vingt ans que Voltaire
était fixé à Ferney lorsque madame
Denis, qui s'ennuyait fort dans ce
séjour, décida le vieux poète, âgé de

84 ans, à faire un voyage à Paris. Il
partit pour cette ville le 6 février
1778, y arriva le 10, et descendit
chez le marquis de Villette, devant
l'hôtel duquel nous nous trouvons.
La Cour et le Clergé n'avaient pas
vu d'un fort bon œil ce retour,
mais l'Académie, dont Voltaire
était l'ornement, et la Comédie,
dont il était le soutien, s'empressè-
rent de lui envoyer des députations.
Les visites nombreuses qu'il eut à
subir ajoutées aux fatigues des répé-
titions d'*Irène*, ébranlèrent très fort
sa santé. La tragédie d'*Irène* fut
représentée, mais, le public qui
jadis aurait murmuré, se contenta
de se taire par respect. On n'en
persuada pas moins à Voltaire que
c'était un succès. Les épisodes qui
signalèrent la représentation de
cette pièce, à laquelle il assistait,
sont connus. Entre les deux pièces,
son buste fut couronné sur le thé-

âtre en sa présence, et la foule le
reconduisit avec des acclamations
jusqu'à sa demeure. La tombe n'é-
tait pas loin de l'apothéose. Le
travail extraordinaire auquel il se
livra pour refaire la lettre A du dictionnaire, joint à l'usage abusif qu'il
faisait du café, accélérèrent sa fin.
A cette nouvelle le clergé accourut.
Ici l'on se trouve en présence de
contradictions et d'obscurités de
toutes sortes. Quoi qu'il en soit sur
la façon dont il termina sa vie, le
grand Voltaire expira le 30 mai 1778,
à 11 heures 1/4 du soir. Le curé de
Saint-Sulpice refusa de l'inhumer,
permettant cependant qu'on le
transportât dans un autre lieu. Le
corps fut embaumé et transféré à
l'abbaye de Scellières. C'est de là
qu'on devait l'en tirer le 10 juillet 1791, pour le ramener triompha-
lement au Panthéon.

Si maintenant nous remontons

la rue du Bac dans presque toute sa
longueur jusqu'au numéro 120, nous
nous arrêterons devant un hôtel à
l'aspect imposant et morne, aux
larges portes cochères surmontées
de sculptures. C'est ici qu'habitait
Chateaubriand.

CHATEAUBRIAND
NÉ A SAINT-MALO
LE 4 SEPTEMBRE 1768
EST MORT
DANS CET HOTEL
LE 4 JUILLET 1848

La vieillesse de Chateaubriand
s'écoula dans une monotonie dé-
sespérante. Cet homme, aux pieds
duquel on avait brûlé tant d'encens,
finissait sa vie sans enfants, dans un
intérieur froid et triste, sans aucun
de ces goûts qui aident les vieillards
à se traîner doucement jusqu'à la
tombe. L'unique distraction de ses
dernières années consistait à aller

12

tous les jours passer deux ou trois
heures chez madame Récamier, à
l'*Abbaye aux Bois*, et l'existence de
celle-ci se passait à son tour à cher-
cher les moyens de désennuyer ce
Louis XIV de la littérature, aussi
ennuyé que le grand roi.

Chaque jour, à la même heure,
avec la même exactitude, les habi-
tants de la rue de Sèvres le voyaient
passer, élégamment vêtu, en redin-
gote courte, une badine à la main,
se dirigeant vers la grille de l'*Abbaye
aux Bois*. Peu à peu, au lieu de
venir à pied, il fallut venir en voi-
ture, puis s'aider d'une canne pour
monter l'escalier, puis enfin se faire
monter dans un fauteuil.

Cette vieillesse, taciturne et triste,
offrait un spectacle douloureux,
mais aussi commandait le respect.
Chateaubriand qui, sous la Restauration et sous le règne de Louis-
Philippe, avait souvent prédit l'avé-

nement de la République, put la
saluer de ses regards mourants. Il
eut la douleur de voir les journées
de Juin, et mourut au milieu du
deuil général qui couvrait la capitale. Sa dépouille mortelle fut con-
duite à Saint-Malo, et déposée dans
la sépulture qu'il s'était depuis longtemps choisie lui-même, sur une
petite ile voisine, appelée le *grand
Bé*. Ses funérailles furent admira-
bles, et M. Ampère put dire à
propos d'elles, dans une lettre
adressée à l'Acàdémie : « Il semble
qu'à lui seul parmi les hommes, il
ait été donné d'ajouter après sa
mort une page splendide au poème
immortel de sa vie. »

Avant de quitter ce quartier, nous
rappellerons encore la plaque posée
dans la cour de l'hospice des Enfants
malades, pour perpétuer le souvenir
des médecins victimes de leur devoir
et de leur dévouement. Malheureu-

sement cette inscription placée dans l'intérieur de l'établissement n'est pas visible pour les passants, et nous nous transporterons de suite dans le quartier du Luxembourg.

Le quartier du Luxembourg, si paisible et si recueilli, semble avoir été de tout temps le quartier préféré des penseurs et des hommes d'étude. Ainsi, rue d'Assas, nous nous heurtons aux souvenirs de Michelet et de Littré : rue du Montparnasse à ceux de Sainte-Beuve et d'Edgar Quinet.

Arrêtons nous d'abord devant le numéro 44 de la rue d'Assas :

EMILE LITTRÉ

AUTEUR

DU GRAND DICTIONNAIRE

DE LA

LANGUE FRANÇAISE

NÉ A PARIS

LE 1 FÉVRIER 1801

EST MORT
DANS CETTE MAISON
LE 2 JUIN 1881

Littré mourut le 2 juin 1881, quelques minutes après 10 heures du matin, dans le tout petit et modeste appartement qu'il habitait, rue d'Assas 44, au deuxième étage. Malade depuis plusieurs années déjà, il ne sortait pour ainsi dire plus de chez lui, et passait les rares journées que la souffrance lui laissait libres, à travailler dans son fauteuil. L'été, sa femme et sa fille l'emmenaient dans la petite propriété qu'il possédait au Mesnil, près de Maisons-Laffitte. Cette année-là, la maladie avait retardé le départ.

Littré était membre de l'Académie depuis 1870, où il avait été élu en remplacement de M. Villemain; il était en outre le doyen de l'Académie des inscriptions et belles-lettres, et sénateur par-dessus le marché.

Quelques incidents se produisirent à ses funérailles. Celles-ci, au lieu d'être civiles, comme on le supposait, furent accompagnées des pompes de la religion. La famille l'avait voulu ainsi. D'où protestations des francs-maçons et des libres penseurs, agitations et tumulte au cimetière Montparnasse. Il en résulta que les discours préparés ne furent pas prononcés. C'était, d'ailleurs, la volonté tout expresse du défunt.

Michelet habitait la même rue que Littré, au numéro 76.

ICI DEMEURA

JULES MICHELET

HISTORIEN

NÉ A PARIS LE 22 AOUT 1798

MORT A HYÈRES (VAR)

LE 9 FÉVRIER 1874

Michelet, en effet, mourut à Hyères, épuisé par les fatigues de sa

vie laborieuse. Depuis longtemps il
était forcé chaque année d'aller re-
prendre des forces sur le bord de la
mer Méditerranée. Resté à Paris
pendant le siège, il y avait contracté
une maladie de cœur.

La demeure de Michelet, fort
modeste, comme celle de Littré,
renfermait peu de tableaux et d'ob-
jets d'art. Sa bibliothèque même
n'avait pas l'importance que l'on
aurait pu supposer. Des fleurs en
abondance, des oiseaux vivants très
nombreux, des collections de pa-
pillons et d'oiseaux conservés, voilà
ce que nous trouvons chez Michelet. Nous sommes plutôt chez
l'auteur de l'*Insecte*, de l'*Oiseau* de
la *Femme*, que chez le grand historien de la *Révolution française*.
Michelet fut enterré civilement à
Hyères, le 12 février, et son corps
embaumé déposé provisoirement
dans une villa.

11 rue du Mont-Parnasse, la maison de Sainte-Beuve. Le célèbre critique tenait cette maison de sa mère. morte en 1850. Depuis lors il en avait pris possession. Elle est à deux étages, donnant d'un côté sur la rue, et de l'autre sur un bout de jardinet ; toutes les pièces sont petites, l'escalier est étroit. La maison, après sa mort, revint par testament avec les meubles au dernier des secrétaires. Il y a quelques années elle fut vendue trente mille francs. Voici l'inscription :

SAINTE BEUVE
POÈTE ET CRITIQUE
NÉ A BOULOGNE-SUR-MER
LE 23 DÉCEMBRE 1804
EST MORT
DANS CETTE MAISON
LE 13 OCTOBRE 1869

Sainte-Beuve souffrait déjà de-

puis quatre ans d'une maladie
inflammatoire lorsqu'il mourut. Un
abcès intérieur hâta le dénouement.
Il expira entre les bras de M. Veyne,
son docteur, de M. Troubat, son
secrétaire, et d'une femme qui depuis quinze ans dirigeait sa maison.
Sainte-Beuve est mort dans la pièce
du premier étage qui lui servait à la
fois de chambre à coucher et de
cabinet de travail. Tout, dans cet
intérieur, respirait {une simplicité
antique : une armoire, un bureau,
des fauteuils et des chaises recou-
verts de damas vert, des livres u
peu partout, un lit de fer avec un
matelas fort mince, et pas de
rideaux, tel était tout l'ameuble-
ment. On vivait dans cette maison
d'une façon patriarcale.

Sainte-Beuve, selon son désir, fut
enterré civilement et sans pompe
au cimetière Montparnasse. Une
foule nombreuse l'accompagnait,

13

bien qu'il eût défendu d'envoyer
des lettres de faire-part. On avait
appris sa mort par les journaux. Il
n'y eut aucun discours prononcé.
Entre autres travaux interrompus,
Sainte-Beuve laissait inachevée sa
grande étude sur Proud'hon.

Un peu plus loin que la maison
de Sainte-Beuve, au n° 32, même
rue, celle d'Edgar Quinet :

EDGAR QUINET

REPRÉSENTANT DU PEUPLE

PROFESSEUR AU COLLÈGE DE FRANCE

NÉ EN 1803

MORT EN 1875

HABITA CETTE MAISON

DE 1840

AU 2 DÉCEMBRE 1851.

La vie d'Edgar Quinet fut des
plus agitées. Fils d'un ancien com-
missaire des guerres, et nommé,
après un long séjour en Allemagne,
professeur de littérature étrangère à

la faculté des lettres de Lyon, Quinet
vint à Paris pour occuper une chaire
au Collège de France. C'est pendant
ce séjour qu'il composa successivement : le *Génie des religions* (1842),
les *Jésuites*, en collaboration avec
Michelet (1843) l'*Inquisition en Espagne* (1844), etc., etc. En Février 1848, il prend les armes. Co-
lonel de la 11ᵉ légion, il est élu à
l'Assemblée constituante, et siège à
l'extrême gauche. Le décret du
9 janvier 1852 l'expulsa.

Après avoir habité tour à tour la
Belgique et la Suisse, et avoir re-
fusé de rentrer en France, malgré
deux amnisties, Edgar Quinet ne
devait revenir à Paris qu'après la
chute de l'Empire. Nommé député
de Paris, il siégea encore à l'extrême
gauche, et vota contre la cession de
l'Alsace et de la Lorraine à l'Allemagne : « C'est la guerre à perpétuité
sous le masque de la paix » disait-il.

Edgar Quinet mourut à Versailles le 27 mars 1875.

Non loin de l'église Saint-Sulpice, au numéro 15 de la rue Servandoni, dans une petite ruelle sombre et sale, nous trouvons une maison bien modeste qui servit de refuge à Condorcet.

EN 1793 ET 1794

CONDORCET

PROSCRIT

TROUVA UN ASILE DANS CETTE MAISON

OU IL COMPOSA SA DERNIÈRE ŒUVRE

L'ESQUISSE

DES PROGRÈS DE L'ESPRIT

HUMAIN

Nous rappellerons en quelques mots dans quelles circonstances Condorcet avait été forcé de se cacher. Chabot ayant dénoncé Condorcet à la Convention, dans la séance du 8 juillet 1793, l'Assemblée, sans autre information, décida qu'il serait arrêté. Le 3 octobre 1793, le nom de Condorcet se trouvait accolé aux noms de Brissot, de Vergniaud et des autres Girondins sur la liste fatale, mais Condorcet avait su se dérober aux poursuites. Deux élèves de Cabanis et de Vicq d'Azyr, Ginet et Boyer, qui depuis furent aussi membres de l'Académie des sciences, avaient su lui trouver un asile dans cette maison où ils avaient demeuré. Cette maison appartenait à la veuve de Louis François Vernet, le sculpteur, proche parent du peintre de ce nom. Madame Vernet garda chez elle Condorcet pendant huit mois. C'était plus que de la bienfaisance ; c'était un courageux dévoûment. C'est donc là, dans cet obscur réduit, qu'il composa l'*Esquisse des progrès de l'esprit humain*, et aussi *Avis d'un père proscrit à sa fille*. Et pendant ce temps on collait des affiches sur lesquelles on lisait : « Peine de mort à celui qui prêtera assistance à des proscrits. »

Condorcet, ne voulant pas compromettre plus longtemps madame Vernet, se déroba un jour à toute surveillance, et s'échappa de sa retraite; ceci se passait le 5 mars 1794. Après avoir erré trois jours à l'aventure, il se faisait arrêter à Clamart comme suspect. La même nuit il s'empoisonnait dans la prison de Bourg-la-Reine avant que ses geôliers n'aient eu le temps de reconnaître sa personnalité.

La rive gauche est féconde en souvenirs de la Révolution française. Place de l'Odéon n° 1, la maison dont l'entrée est 21 rue de l'Odéon, est la maison de Desmoulins. Rappelons que Marat demeurait rue de l'École de Médecine, et que Danton habitait Cour du Commerce.

CAMILLE DESMOULINS
HABITAIT CETTE MAISON
EN 1792

L'histoire de Camille Desmoulins est bien connue. Fils d'un magistrat de Guise, en Picardie, avocat à Paris, il s'était fait surtout remarquer par son appel aux armes dans le jardin du Palais-Royal en 1789, avant la prise de la Bastille. Pendant deux ans il rédige le journal *les Révolutions de France et de Brabant.* Ennemi des Girondins, secrétaire de Danton, il est nommé député à la Convention. Son journal le *Vieux Cordelier* causa sa perte. Devenu plus modéré, il avait osé lever la voix contre les proscriptions. Robespierre, son ami, ne put même pas le sauver. Saint-Just avait juré sa mort. Jugé avec Danton, il fut exécuté le 5 avril 1794.

Camille Desmoulins avait épousé, le 29 décembre 1790, Anne Duplessis, âgée de 20 ans. Il demeurait déjà à cette époque, depuis six ans, dans la maison qui nous occupe. Et comme son acte de décès mentionne le même domicile, nous ne comprenons pas bien la restriction ci-dessus « en 1792 » qui semble faire croire qu'il n'habita là qu'une année. Sa jeune et intéressante femme qui, pendant la courte détention de son mari, venait chaque jour dans les jardins du Luxembourg, sous les fenêtres du cachot, afin de recevoir les derniers adieux de celui qu'elle avait aimé, la femme de Camille Desmoulins, disons-nous, ne devait pas longtemps lui survivre, puis qu'elle montait sur l'échafaud à son tour huit jours plus tard.

Nous reviendrons vers la Seine par la rue Saint-Jacques. Au numéro 218, s'élevait jadis la maison de Jean de Meung.

ICI

ÉTAIT LA MAISON

OU JEAN DE MEUNG

COMPOSA

LE ROMAN DE LA ROSE

1270-1305

Le *Roman de la Rose* est le premier livre français qui ait eu de la vogue chez nos aïeux. Il conserve encore une grande réputation, comme l'un des monuments les plus anciens de notre langue et de notre poésie. Jean de Meung, dit *Clopinel*, parce qu'il était boiteux, originaire de Meung-sur-Loire, près Orléans, est par lui-même un personnage assez obscur. On sait peu de choses sur sa vie privée, et les dates précises de sa naissance et de sa mort sont encore à l'état de mystère. Ce qu'on peut dire, c'est qu'ayant eu

41

connaissance du *Roman de la Rose*, composé par Guillaume de Lorris, il s'en fit le continuateur sur la demande de Philippe-le-Bel, et y ajouta dix-huit mille vers. His-toire sacrée, histoire profane, fable, théologie, politique, morale, éru-dition et même immoralité, tout s'y confond et tout s'y mêle, avec un fond incroyable de naïveté et d'ingénuité qui en fait le charme. Jean de Meung mourut à Paris de 1310 à 1321, et fut inhumé dans le cloître des Dominicains de la rue Saint-Jacques.

Au numéro 172, même rue, une plaque rappelle l'emplacement de la porte Saint-Jacques.

ENCEINTE DE PARIS
ÉLEVÉE SOUS LE RÈGNE
DE PHILIPPE-AUGUSTE
VERS L'AN 1200

—

EMPLACEMENT
DE LA PORTE SAINT-JACQUES

Et au-dessous un plan.

La porte Saint-Jacques venait, on s'en souvient, après la porte Saint-Michel et avant la porte Bordet.

A l'angle de la rue Victor Cousin et de la rue Soufflot, au numéro 20 de cette dernière rue, une longue inscription bien effacée :

ICI ÉTAIT ANCIENNEMENT SITUÉ

LE PARLOIR AUX BOURGEOIS

LE PRÉFET DE LA SEINE

DÉFÉRANT AU VŒU

DES CONSEILLERS MUNICIPAUX

DE LA VILLE DE PARIS

A FAIT POSER EN MDCCCLXXVII

CETTE INSCRIPTION

SUR L'EMPLACEMENT DE L'ÉDIFICE

OU SIÉGÈRENT

LEURS PRÉDÉCESSEURS

JUSQU'AU MILIEU DU XIVe SIÈCLE

Ce qui n'est pas précisément exact, car le *Parloir aux Bourgeois* n'était pas comme on l'a cru long-temps un centre d'administration, mais un siège de Justice, où se ré-glaient, suivant les prescriptions de la coutume de Paris, certains cas en litige, dans le ressort du com-merce et des métiers. On le distin-guait de l'administration munici-pale, comme le Tribunal de Com-merce se distingue aujourd'hui de l'Hôtel-de-Ville. *Le Parloir aux Bourgeois* semble avoir été établi dans cette partie de la ville dès la plus haute antiquité; il était en tout cas bien antérieur à l'enceinte commencée en 1190 par Philippe-Auguste. L'extrémité de sa grande salle venait couper cette ligne de fortification entre les portes Saint-Jacques et Saint-Michel; on se con-tenta de créneler le couronnement de l'édifice en manière de défense.

Plus de deux siècles après la construction de cette enceinte, lorsque
les bureaux de la Prévoté pas-
sèrent à la Grève, le Parloir fut
transféré au Grand-Châtelet ; mais,
en dépit des convoitises des Jacobins, dont le couvent était proche,
cette salle resta jusqu'après le règne
de Louis XII la propriété des Bourgeois.

Lorsque les religieux s'en empa-
rèrent vers le xviime siècle, ils en
firent leur réfectoire et leur dor-
toir, et de tout le couvent ce fut le
bâtiment qui résista le plus longtemps. L'extrémité de la longue
salle, cette partie même qui faisait
autrefois saillie sur le fossé, et dont
le style rappelait une époque anté-
rieure au moins de deux siècles aux
fortifications élevées par Philippe.
Auguste, ne disparut qu'en 1847,
lorsque la rue Soufflot fut prolongée.

Enfin, relativement encore à cette enceinte de Philippe-Auguste, dont le Comité a rappelé à diverses reprises le tracé, nous relèverons l'emplacement de la porte Bordet, rue Descartes, à la hauteur du n° 50.

Inscription de gauche :

ENCEINTE

DE PARIS

ÉLEVÉE PAR

PHILIPPE-AUGUSTE

VERS L'AN 1200

Au centre de la plaque, un plan. Inscription de droite :

EMPLACEMENT

DE LA PORTE

SAINT MARCEL

DITE

PORTE BORDET

La rue Mouffetard faisait donc suite, hors de la ville, à la rue Descartes actuelle, et conduisait ainsi au

faubourg Saint-Marcel. Par ces ré-
pétitions successives, et fort habilement espacées, nous aurons donc pu
suivre pas à pas la vieille enceinte,
depuis la Tour-de-Nesle jusqu'à la
Bièvre.

Nous terminerons par la maison
mortuaire de Pascal. Au numéro 2
de la rue Rollin, à l'angle de la rue
Monge, nous lisons :

ICI

S'ÉLEVAIT LA MAISON

OU

BLAISE PASCAL

EST MORT

LE 19 AOUT 1662.

D'où il ne faudrait pas conclure
que Pascal habitait cet endroit,
comme nous allons nous en con-
vaincre. Depuis longtemps déjà sa
santé était détestable. Dans la maison où il logeait, il avait recueilli un
pauvre homme avec sa femme et

ses enfants. L'un de ceux-ci fut atteint de la petite vérole. Pascal, craignant que sa sœur, madame Périer, n'eût, pour cette raison, quelque répugnance à venir le voir et le soigner, ne permit point de déplacer le malade, ce qui ne pouvait se faire sans risques, et se transporta lui-même chez sa sœur, où il mourut. Pascal demeurait alors près de la porte Saint-Michel, non loin de la rue d'Enfer, et sa sœur au n° 8 de la rue-Neuve Saint-Étienne, devenu 2 rue Rollin.

La fin de Pascal fut très édifiante; il mourut en ne pensant qu'à des œuvres de charité à accomplir. Quand on ouvrit son corps, on fut frappé du volume considérable de la cervelle qui avait une consistance presque solide. Pascal fut enterré à Saint-Etienne-du-Mont sa paroisse.

Tels sont, en résumé, les travaux

du Comité. Mais empressons-nous d'ajouter que l'on ne veut pas rester en aussi beau chemin, et qu'une foule de projets se pressent dans les cartons. Parmi les projets adoptés nous pouvons déjà signaler ceux concernant les maisons ou emplacements suivants :

Maison mortuaire d'Alfred de Vigny, 6 rue des Écuries-d'Artois.

Maison mortuaire de l'abbé de l'Épée, 23 rue Thérèse.

Hôtel de Charles Le Brun, peintre du roi, 49 rue Cardinal-Lemoine.

Emplacement de la porte de la Conférence, quai de la Conférence.

Maison mortuaire du peintre Mignard, 23, rue Richelieu.

Maison de Carle et Horace Vernet, 56 rue Saint-Lazare.

Maison de Paul Delaroche, rue de la Tour-des-Dames.

Maison mortuaire de l'architecte Louis, 3 rue Louis-le-Grand.

Maison de Grétry, 9 boulevard des Italiens.

Maison mortuaire de Victor Massé, 1 avenue Frochot.

Hôtel habité par Lavoisier, 17 boulevard de la Madeleine.

Hôtel du chimiste J. B. Dumas, 3 rue Saint-Dominique.

Maison de campagne de Boileau, 38 rue Boileau, Auteuil.

Maison de campagne de Molière, 2 rue d'Auteuil.

Ancien hôtel des pompes, 3o rue Mazarine.

Emplacement des Jacobins, rue du Marché-Saint-Honoré.

Maison d'Auber, 24 rue Saint-Georges.

Maison de Rossini, 2 Chaussée-d'Antin.

Maison du député Manuel, 19 rue des Martyrs.

Maison natale d'Hégésippe Moreau, 9 rue Saint-Placide.

Maison de Berlioz, rue de Calais.

Maison d'Eugène Delacroix, 6 rue de Furstemberg.

Maison de Ingres, 11 quai Voltaire.

Maison d'Ambroise Paré, place Saint-Michel.

Maison de Laplace, 108, rue du Bac.

Maison d'Auguste Comte, 10 rue Monsieur-le-Prince.

Anciennes annexes de l'Hôtel-Dieu : Défense du Petit-Pont contre les Normands (886), etc., etc., sans compter les projets dont nous avons déjà parlé dans le courant de cet ouvrage.

Disons enfin que le Comité n'est pas sans rencontrer çà et là, certaines difficultés que l'on ne pourrait soupçonner : tel propriétaire ne veut pas laisser mettre sur sa maison une plaque rappelant le souvenir de Danton pour des raisons toutes politiques. Tel autre, rue de Bellechasse, ne veut pas que son immeuble soit *remarqué* parce qu'on y inscrirait le nom de l'innocent auteur de *Paul et Virginie*, le pauvre Bernardin de Saint-Pierre ! Tel autre enfin *hésite* parce que la mention : « Ancien hôtel des comédiens ordinaires du roi, 1689-1770 » serait presque un scandale. Songez-donc, laisser écrire sur sa maison : *Comédiens du roi !* Profanation ! Les faits que je vous raconte se passent pourtant de nos jours. Plaignons les personnes du Comité chargées de faire ces indispensables démarches, et remercions-les pour ce qu'elles ont pu obtenir jusqu'à présent.

FIN

ÉMILE COLIN — IMPRIMERIE DE LAGNY.

www.ingramcontent.com/pod-product-compliance
Lightning Source LLC
Chambersburg PA
CBHW071817090426
42737CB00012B/2124

9 782019 560461